Kräuterliköre & Kräuterschnäpse als Hausmittel

Kräuterliköre & Kräuterschnäpse als Hausmittel

Bildnachweis:

Bankhofer	S. 16
Eisl	S. 6, 21, 22, 23, 25, 26, 27, 28, 29, 30, 31, 22, 33, 34, 35, 36, 44
istockphoto	S. 19, 113
naturganznah	S. 24
Underberg	S. 10, 13, 38 39, 40, 41, 42, 43, 105

ISBN 978-3-7088-0398-2

Autor: Prof. Hademar Bankhofer

Lektorat: Alexandra Ebner, Kneipp-Verlag

Layout, technische Bearbeitung: Martin Jurkowitsch, Kneipp-Verlag

Druck: Theiss GmbH, A-9431 St. Stefan

1. Auflage Leoben, April 2007

Prof. Hademar Bankhofer

Kräuterliköre & Kräuterschnäpse als Hausmittel

Inhalt

Der Alkohol ist das Taxi für die Heilkräuter in den Schnäpsen... 7

Die heilenden Kräfte des Alkohols: Ein Blick zurück in die Geschichte 11

Die wichtigsten Schnapskräuter der bekannten Kräuterschnäpse 23

Angelika...................... 24
Anis 25
Fenchel 26
Galgant 27
Kalmus...................... 28
Kardamom................... 29
Koriander.................... 30
Kümmel 31
Melisse 32
Gewürznelken................ 33
Pfefferminze 34
Piment 35
Raute 36
Rosmarin 37
Wacholder................... 38
Zimt 39

Die bekanntesten und beliebtesten Kräuterschnäpse und Kräuterliköre............... 41

Underberg 41
Rossbacher 42
Averna 44
Gilka Kaiser-Kümmel 44
Escorial 45
Angostura Bitter 45
Bitterlyne Orange 46
Wurzelgraber Bergkräuter 46
Paracelsus-Bitter 46
Echt Feldkirchner Bitter 47
Braulio Amaro.................. 47

Die besten Rezepte zum Selbermachen................ 49

Kräuterbitter 50
Ginsengschnaps 51
Enzianschnaps 52
Anislikör..................... 53
Bärenfang 54
Gewürznelkenlikör 55
Eukalyptuslikör................. 56
Löwenzahnlikör................. 57
Zimtlikör 58
Tannenspitzenlikör.............. 59
Schlehenlikör 60
Nussschnaps................... 61

Minze-Melissen-Likör 62
Kräuterschnaps 63
Kleeblütenschnaps 64
Hopfenschnaps 65
Fichten- und Kiefernnadelschnaps . 66
Angelikalikör 67
Buchenlikör 68
Eisenkrautschnaps 69
Aquavit 70
Kümmelschnaps 71
Verdauungsschnaps 72
Spitzwegerichlikör 73
Waldmeisterlikör 74
Vanillelikör 75
Wacholderlikör 76
Rosmarinlikör 77
Kräuterlikör 78
Frauenmantelschnaps 79
Bärlauchschnaps 80
Estragonlikör 81
Holunderlikör 82
Kamillenschnaps 83
Magenbitter 84
Lavendelschnaps 85
Schlüsselblumenschnaps 86
Salbeilikör 87
Basilikumlikör 88
Holunderblütenlikör 89
Knoblauchschnaps 90
Melissengeist 91
Schafgarbenschnaps 92
Brennnesselschnaps 93
Enzianlikör 94
Hagebuttenlikör 95
Ingwerlikör 96

Der Alkohol ist das Taxi für die Heilkräuter in den Schnäpsen

Ein Vorwort

Sie fahren doch sicher auch mitunter mit dem Taxi. Das hat viele Vorteile: Man hat keinen Ärger beim Fahren durch den Stadtverkehr. Der Taxifahrer kennt meist einen Schleichweg, um so manchen Stau zu umgehen. Sie sind dann im Endeffekt schneller am Ziel, steigen aus, brauchen sich nicht um einen Parkplatz zu kümmern, sind daher an Ihrem Ziel schneller verfügbar. Und Sie können sich – weil ausgeruht – besser Ihrer Arbeit am Ziel widmen. Man wird Sie also nach diesem Treffen lange Zeit gut in Erinnerung behalten.

Sehen Sie: Wenn es darum geht, den Wert und den Sinn von Kräuterschnäpsen und Kräuterlikören zu bewerten, wenn man vielleicht sogar kritisch den Alkohol in diesen Destillationen betrachtet, so sollte man sich eines vor Augen halten. Der Alkohol hat für die Heilkräuter eine ganz wichtige Funktion. Er ist sozusagen das Taxi in den Organismus. Das heißt: Der Alkohol – man kann in diesem Fall von einem Medizinalalkohol sprechen – sorgt dafür, dass die Heilkräuter mit ihren Wirkstoffen lange verfügbar bleiben. Es gibt dazu genaue Zahlen. In einer Alkohol-Destillation bleiben die ätherischen Öle, Gerbstoffe, Bitterstoffe und Flavonoide bis zu 7 Jahren ohne Qualitätsverlust voll erhalten. Mit all ihren Wirkmechanismen.

Und obendrein sorgt der Alkohol dafür, dass die Wirkstoffe der Heilkräuter rascher in den Organismus gelangen, dadurch schneller und intensiver zur Verfügung stehen. Das ist zum Beispiel bei Magenbeschwerden oder Blähungen von großem Vorteil und auch sehr wichtig.

Aber auch der Alkohol selbst hat interessante Aufgaben im menschlichen Körper. Das weiß man seit der großen Rotweinstudie, die in den Jahren 1995 und 1996 an der weltberühmten Harvard Universität in Boston, USA, durchgeführt wurde. Alkohol – in kleinen Mengen – hält die Blutgefäße elastisch, bremst eine frühzeitige Arteriosklerose und bekämpft das Zusammenkleben von Blutplättchen. Genau deshalb wirkt Alkohol in kleinen Mengen bei Menschen ab 60 als Arznei.

Und genau als das muss man auch die Kräuterschnäpse und Kräuterliköre sehen. Sie wirken nur dann ohne Schaden, wenn man sie in kleinster Dosierung verantwortungsvoll konsumiert. Man muss das ehrlich und objektiv sehen: Zu viel Alkohol belastet die Leber und das Hirn. Es ist eben so, wie es der Arzt und Naturheiler Paracelsus im Mittelalter gesagt hat: Die Dosis macht es, ob etwas eine Arznei oder Gift ist! Ich werde nie meine köstliche Begegnung mit Prof. Dr. Charles Hennekens, dem Leiter der Medizinischen Schule an der Harvard Universität, vergessen. Als ich mich von ihm verabschiedete, verwies ich auf die aktuellen Daten der Rotweinstudie und fragte ihn: „Kann ich tatsächlich, wenn ich nach Europa zurückfliege, allen erzählen, dass Alkohol auch gesundheitliche Aspekte hat?“ Er nickte lachend und antwortete: „Das kannst du sagen. Dazu gibt es eine gute und eine schlechte Nachricht. Die Gute: Alkohol hat naturarzneiliche Vorteile. Die schlechte Nachricht: Ein Fingerhut voll am Tag genügt!“

Ähnlich hat das auch immer meine Großmutter mütterlicherseits gesagt. Sie hat selbst Kräuterschnäpse hergestellt. Und wenn ich als Kind mit großen Augen dabei zugesehen habe, dann hat sie immer betont: „Für Kinder ist so etwas nicht geeignet. Aber auch wir Erwachsenen dürfen so einen Kräuterschnaps nur wie eine Arznei einnehmen: ganz, ganz wenig. Nur dann ist es ein hilfreiches Hausmittel.“

Und das möchte ich auch Ihnen, liebe Leser, für die Lektüre dieses Buches mitgeben: Das ist keine Lobeshymne auf das Trinken von Schnäpsen und Likören, auf den Konsum von Alkohol.

Ich möchte Ihnen schlicht und einfach die historisch gewachsene Tradition vieler Heilkräuter und ihrer Verarbeitung näher bringen, möchte Ihnen die Arzneiwirkung der Pflanzenextrakte im Alkohol deutlich machen. Ich möchte Ihnen Rezepte zur Herstellung von Kräuterschnäpsen und Kräuterlikören verraten und möchte Ihnen die bekanntesten Schnäpse und Liköre dieser Art vorstellen, die es fertig zu kaufen gibt und deren Herstellung zum Teil nach wie vor auch in unserer modernen Zeit als strenges Klostergeheimnis gilt.

Nützen Sie die Kräfte all dieser alkoholischen Destillationen, verschaffen Sie sich einen Überblick und vergessen Sie nicht die tägliche Empfehlung:
Ein Fingerhut voll genügt ...!

In diesem Sinn alles Gute für Ihre Gesundheit

Ihr

Die heilenden Kräfte des Alkohols: Ein Blick zurück in die Geschichte

Zahllose Studien der letzten Jahre beweisen es: Alkohol – in Maßen – hat seine positiven Seiten. Vor allem die wissenschaftlichen Arbeiten über den Rotwein lassen aufhorchen. Da hat man Polyphenol-Schutzstoffe entdeckt: Resveratrol, Quercetin, Epicatechin und Catechin. Diese Substanzen bremsen die Arteriosklerose, schützen vor aggressiven Umwelt- und Stoffwechselschadstoffen. Sie haben zum Teil Krebs hemmende Wirkung und verhindern das Zusammenkleben der Blutplättchen. Sie werden es aber selbst gemerkt haben: Wann immer diese positiven Erfahrungen über den Rotwein verkündet werden, gibt es sofort spontan die Zusatzbemerkung: Aber Vorsicht, das alles macht nur Sinn in Maßen. Alkohol belastet das Hirn und die Leber. Die Weltgesundheitsbehörde hat sogar die Dosis festgelegt. Männer dürfen ab 50 1/4 Liter Rotwein – sozusagen als Arznei – konsumieren, Frauen nur 1/8 Liter, weil sie zu wenig von dem Alkohol abbauenden Enzym Dehydrogenase besitzen und weil die weiblichen Östrogene den Abbau des Alkohols bremsen, während ungerechterweise die männlichen Androgene die Leber vor dem Alkohol schützen.

Man geht also in unserer modernen Zeit sehr vorsichtig mit dem Alkohol und mit den positiven Meldungen über ihn um. Vor allem Schnäpse werden besonders kritisch betrachtet, wobei Kräuterschnäpse aufgrund ihrer Inhaltsstoffe ein wenig „Narrenfreiheit" haben. Mag auch sein, weil sie auf eine jahrhundertealte Tradition und Geschichte zurückblicken lassen.

Wenn man allerdings auf die Geschichte zurückblickt, muss man staunen: Unsere zwiespältige Einstellung zum Alkohol ist recht neu. Jahrtausendelang haben Ärzte und Wissenschaftler immer die vorteilhaften Wirkungen in den Vordergrund gestellt. Und es gab Zeiten, da war es üblich, täglich Wein oder Bier zu trinken. Man kann sagen: In den westlichen Ländern hatte der Alkohol ein ganz andere Bedeutung wie heute. Das mag damit zusammenhängen, dass die Menschen leichtere alkoholische Getränke wie Bier und Wein bereits vor rund 7.000 Jahren zur Zeit der Sumerer kannten. Hochprozentige Destillate gibt es immerhin auch schon seit rund 2.000 Jahren. Bier und Wein waren in früheren Zeiten ganz selbstverständliche Durstlöscher und Nahrungsmittel. Erstens hatten sie einen hohen Kaloriengehalt und haben satt gemacht und sie waren eine gesundheitlich sichere Flüssigkeitsquelle, da Wasser nur begrenzt zur Verfügung stand, meist verunreinigt war und daher Krankheiten auslösen konnte.

Die Anerkennung von Alkohol lässt uns heute manche Verlautbarung des hohen Adels kurios erscheinen. Als zur Zeit von Friedrich dem Großen mehr und mehr Kaffee-Importe die Wirtschaft störten, weil dadurch viel Geld ins Ausland floss, da konnte man lesen: „Bürger! Trinket Bier und esset Biersuppe. Das ist gesünder als der Caffee. Es ist abscheulich, wie die Menschen immer mehr Caffee trinken. Bedenket: Soldaten, die mit Bier ernährt worden sind, haben viele Schlachten geschlagen und gewonnen. Es ist höchst fraglich, ob Caffee trinkende Soldaten die Strapazen eines Krieges durchstehen würden!“

Wo liegt denn der Anfang der Historie für die alkoholischen Getränke? Es ist anzunehmen: Seitdem es Früchte mit Zucker- und Stärkegehalt gibt, hat die Natur selbst vergorene Nahrungsmittel produziert. Dafür sorgen Hefepilze. Sie produzieren aus dem Zucker Energie. Dabei wird als Nebenprodukt Ethanol hergestellt. Aber wie gesagt: Das ist kein Problem. Der Mensch verfügt über ein Gen, das ihm das Enzym Dehydrogenase beschert, den Männern mehr als den Frauen. Und damit kann der Alkohol abgebaut werden. Es ist anzunehmen, dass – so wie es ja im Tierreich auch der Fall ist – der Mensch vor 10.000 Jahren rein zufällig mit Alkohol in Kontakt gekommen ist. Vielleicht hat ein Mensch der frühen Steinzeit allzu reife Früchte konsumiert, die viel Alkohol enthielten. Vielleicht hat er sich aber auch aus einem Tongefäß an einem Honig vergriffen, der in der prallen Sonne stand und bereits teilvergoren war. Was mag der Mensch von damals empfunden haben? Vermutlich hat er sich wohl gefühlt, war lustig und hat das Erlebnis als Vergnügen empfunden. Also hat er künftig überreife Früchte gesucht und den Honig bewusst in die pralle Sonne gestellt. Ja, und mit der Zeit hat ihm seine Erfindergabe gezeigt, wie man aus Honig, Feigensirup und Dattelsirup ein berauschendes Getränk herstellt. Das Bierbrauen konnte ja erst erfunden werden, als der Mensch Getreide kultiviert hat. Darum gab es das erste Bier in Mesopotamien und Ägypten, wo man reichlich Weizen und Gerste angebaut und geerntet hat. Auch da hat sicher der Zufall Regie geführt. Vermutlich ist einem ägyptischen oder babylonischen Bäcker der Getreidebrei, den er fürs Brotbacken vorbereitet hatte, vergoren. Es ist ja kein Zufall, dass damals in erster Linie die Bäckermeister Bier gebraut haben.

Wie gesagt: Vor allem in den großen Städten des Mittelalters war das tägliche Trinken von Wein oder Bier eine Frage des Überlebens. Man nimmt an, dass damals viele Menschen sterben mussten, weil sie verschmutztes und verseuchtes Wasser getrunken haben. Die gleiche Gefahr drohte den Seeleuten an Bord der Segelschiffe. Kolumbus hatte immer große Mengen Wein an Bord. Andere Eroberer hatten immer riesige Vorräte an Bier dabei. Und als Europäer begannen, nordamerikanische Kolonien zu gründen, war einer der gefragtesten Berufe der Bierbrauer. Schauen wir doch auch einmal in die Bibel oder in die Schriften antiker griechischer Autoren. Nirgends wird Wasser als Getränk genannt, mit Ausnahme von frischem Quellwasser in den Bergen. Die Menschen haben in erster Linie Wein getrunken. Darum war ja auch so wichtig, dass Jesus Wasser in Wein verwandelt hat. Damals und auch später war Wasser niemals der alltägliche Durstlöscher. Bier war frei von gefährlichen Keimen. Das erklärt, warum Bier und Wein in vergangenen Zeiten ein weit größeres Ansehen hatten als heute, ja sogar eine alltägliche Selbstverständlichkeit waren. Wahrscheinlich wurden die Menschen auch auf diese Weise mit Vitaminen und Mineralstoffen versorgt.

Es muss noch etwas bedacht werden: Wein und Bier vergangener Zeiten hatten einen sehr niedrigen Alkoholgehalt. Daher gab es keine Diskussionen über gefährliche Gifte oder über die Wirkung als Droge. Ja, und so ein leichter Alkoholrausch war wohl in alten Zeiten bei vielen Menschen ein Normalzustand. Außerdem hat man sicher im Laufe der Zeit erkannt, dass Alkohol helfen konnte, Schmerzzustände zu bekämpfen. Er war sozusagen ein Ersatz-Analgetikum.

Schon aus den Keilschrift-Tafeln der Sumerer kann man entnehmen, dass Alkohol als Medizin eingesetzt wurde.

Es gab auch in früheren Zeiten immer wieder Warnungen vor zu viel Alkohol. Man war sich der Gefahren des Trinkens bewusst. Und es wurde auch oft zur Mäßigung aufgerufen. Im Alten Testament wird Trunkenheit mehrfach gerügt.

Warum aber hat man im Westen das schale, keimbelastete Wasser mit Alkohol getauscht? In Asien hat man einen anderen Weg gefunden, man hat das Wasser abgekocht und zu Tee gemacht. Das kommt daher, weil die Bewohner Asiens in ihrem Organismus zu etwa 50 Prozent nicht – auch heute noch – über das Enzym Dehydrogenase, das den Alkohol abbauen hilft, verfügen. Sie vertragen daher Alkohol auch in kleinsten Mengen schlecht.

Schnaps war den Menschen lange Zeit nicht bekannt. Die natürliche Vergärung hat selbst bei hohem Zuckergehalt ihre Grenzen, weil die Hefepilze nicht mehr als 16 Prozent Alkohol vertragen. Es war etwa um das Jahr 700. Da erfanden arabische Alchemisten die Destillation. Das war somit auch die Geburtsstunde der Kräuterschnäpse. Die Alchemisten entdeckten: Ethanol – also Alkohol – siedet bei tieferen Temperaturen als Wasser. Daher verdampft der Alkohol früher. Und beim Abkühlen des Dampfes wird er wieder flüssig.

Die Kunst des Destillierens kam etwa um das Jahr 1100 nach Europa. Und zwar über die damals weltberühmte und einflussreiche medizinische Schule von Salerno im heutigen Italien. Hier wurden von Wissenschaftlern Erkenntnisse der Medizin und der Alchemie vom orientalischen in den europäischen Raum transferiert.

Im 13. Jahrhundert wurde schon eifrig hochprozentiger Alkohol hergestellt. Man nannte die Schnäpse dieser Zeit *Aqua vitae* – „Wasser des Lebens". Zuvor hatte man sie als *Aqua ardens*, als „brennendes Wasser" bezeichnet. Der Straßburger Arzt Hieronymus Brunswig schrieb im 15. Jahrhundert zwei Bücher über das Destillieren.

Er war einer der ersten, der überzeugt war, dass Schnäpse mit Auszügen aus bestimmten Heilpflanzen als Arzneien gute Dienste verrichten können. Das mag für viele Klöster der Anlass gewesen sein, aus Heilkräutern hauseigene Kräuterschnäpse herzustellen, die in erster Linie als Medizin gedacht waren. So kann man Texten aus dem Jahr 1512 entnehmen, dass man mit Schnäpsen Läuse, Flöhe und anderes Ungeziefer bekämpft hat, dass man damit eine bessere Gesichtsfarbe und mehr Mut bekam.

Entscheidend für die Anerkennung der Kräuterschnäpse war zweifelsohne die Tatsache, dass sie zur Zeit der großen Seuchen, vor allem zur Zeit der Pest (1347 bis 1352) als rettende Arzneien galten. Das entsprach zwar nicht der Realität, aber die Menschen klammerten sich daran, was man in einer Zeit verstehen muss, in der rund 25 Millionen Menschen dahingerafft wurden. Die Ärzte mussten machtlos zusehen, wie die Bevölkerung vom Schwarzen Tod verfolgt wurde. In ihrer Verzweiflung wiesen sie immer wieder auf die schmerzstillende und gemütsaufhellende Wirkung der Schnäpse hin.

Als die schwere Zeit vorbei war, wurden die Kräuterschnäpse zur Förderung und Verbesserung der Verdauung, aber auch zum Genuss konsumiert. Das war so bis ins 17. Jahrhundert. Dann allmählich war man sich der schädigenden Wirkung von zu großen Alkoholmengen bewusst. Speziell in den Klöstern wurden die Kräuterschnäpse als Arznei weitergegeben und daher in entsprechend geringen Mengen, oft nur bis zu 2 Teelöffel pro Tag. Das mag das Ansehen der Kräuterschnäpse gerettet haben. Während vielfach zu großem Bier- und Weinkonsum der Kampf angesagt wurde, blieben die Kräuterschnäpse verschont.

Und sie haben bis heute den Ruf einer Arznei bewahrt. Und so sollte man den Kräuterschnaps auch sehen und bewerten. In minimalen Dosen kann er Medizin sein. Auch hier wieder gilt das wunderbare Wort des Arztes und Naturheilers Paracelsus: „Die Dosis macht es, ob etwas als Arznei oder als Gift wirkt ...!“

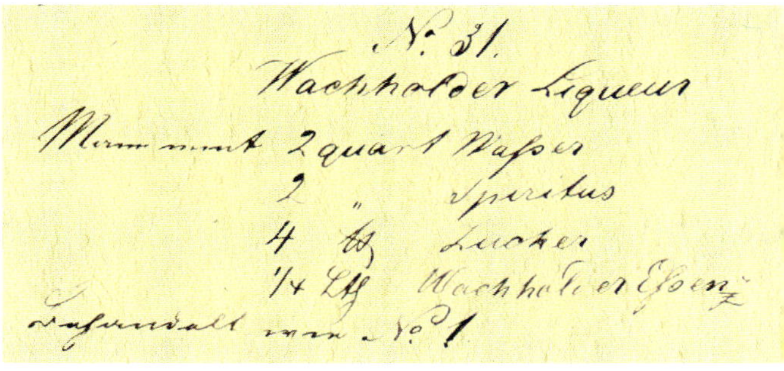
No. 31.
Wachholder Liqueur
Man nimmt 2 quart Wasser
2 " Spiritus
4 Pfd Zucker
1/4 Lth Wachholder Essenz
verfahre man No 1

Bitter macht fit: Die Heilkraft der Bitterstoffe in Kräuterschnäpsen

Gehören Sie auch zu jenen Menschen, die eine Tasse Salbeitee recht reizvoll finden? Dann sind Sie ein so genannter „Bitterstoff"-Typ. Es gibt begeisterte Anhänger von Bitterstoffen in der Nahrung. Sie werden von den Gegnern nahezu mit Befremden angesehen.

Dabei sollten wir im Grunde genommen alle Bitterstoffe schätzen. Sie haben sehr positiven Einfluss auf unsere Gesundheit. Man könnte sie sogar als Naturarzneien bezeichnen. Das ist auch das Geheimnis vieler Kräuterschnäpse.

Bittere Pflanzeninhaltsstoffe haben ein großes Wirkspektrum. Sie wirken auf den Verdauungstrakt, den Magen, die Gallenblase, die Leber, die Bauchspeicheldrüse, den Dünndarm, den Dickdarm, aber auch auf das Herz-Kreislauf-System und auf die Harnwege. Die Wirkung auf den Verdauungstrakt hat man ja immer schon instinktiv gekannt. So sind ja die vielen Magenbitter-Kräuterschnäpse entstanden. Die Menschen haben gespürt, dass man nach einer reichhaltigen Mahlzeit bei Völlegefühl Erleichterung findet.

Worin liegt denn das Geheimnis der Bitterstoffe aus der Natur? Was bewirken Sie konkret in unserem Organismus? Es ist ja heute gar nicht so leicht, sich gesund zu ernähren. Unsere Lebensmittel sind sehr oft mit Farbstoffen, Konservierungsmitteln und Emulgatoren behandelt. Dazu kommen noch Insektizide, Pestizide in der Landwirtschaft und Hormone und Antibiotika, die auch heute immer wieder bei nicht kontrolliertem Fleisch auftauchen können. Diese Substanzen führen zu einer Erschlaffung der Schleimhäute in Magen und Darm.

Und hier können zum Beispiel die Bitterstoffe hervorragend helfen:

- Sie wirken wie ein Schleimhauttraining. Man könnte fast von einem „Schleimhaut-Jogging“ sprechen. Die Schleimhäute ziehen sich durch den bitteren Geschmack zuerst zusammen, dehnen sich dann wieder aus. Sie werden wieder richtig aktiv. Dabei können Gifte, Stoffwechselschlacken, Viren und Bakterien sowie Pilze leichter abtransportiert und ausgeschieden werden. – Das ist ja auch der Grund, warum Tiere immer wieder bittere Kräuter fressen.
- Bitterstoffe steigern außerdem die Produktion des Magensaftes und kräftigen die Magen- und Darmschleimhäute. Und sie fördern den gesunden Appetit.
- Sie regulieren die Verdauung.
- Bitterstoffe haben eine stark basische Wirkung. Sie entsäuern sanft den heutzutage fast immer übersäuerten Organismus, schaffen ein Gleichgewicht zwischen Basen und Säuren.
- Bitterstoffe helfen aber auch, das natürliche Abwehrsystem im Körper zu stärken.
- Bitterstoffe geben Kraft, können bei Erschöpfung helfen, dass man schneller wieder fit ist. Man kann mit Bitterstoffen auch Schwächezustände ausgleichen.

Wo sind Bitterstoffe in der Natur und in unserer Nahrung enthalten? Die Palette der Naturprodukte, die Bitterstoffe enthalten, ist sehr groß:

- Da ist zuerst das Gemüse: Besonders viele Bitterstoffe enthalten Salate wie Radicchio, Endivien, Chicoree, Rucola, Löwenzahn. Weitere Gemüsesorten: Blumenkohl, Artischocken. Besonders viele Bitterstoffe – das Cynaridin und Cynarin – befinden sich in den Artischockenblättern, die auch zum Aufbau der Leberzellen eingesetzt werden.
  Das Schlimme ist, dass man in der Landwirtschaft versucht, durch hoch komplizierte Zuchtverfahren die Bitterstoffe zu mildern und wegzuzüchten. Dabei wären diese Bitterstoffe für unseren Organismus so wichtig. In Indien und China sieht man das anders. Da werden Speisen mit Bitterstoffen gefördert, weil sie die Geschmacksnerven aktivieren, anregen

und wärmen. Genau diese Tatsache macht Kräuterbitterschnäpse in unserer Zeit – in Maßen getrunken – interessant.

- Beim Obst sind es die Grapefruits, Zitronen und Orangen, die besonders viele Bitterstoffe liefern.
- Bei den Getreidesorten sind es Hirse und Amarant.
- Bei den Gewürzen sind es Kardamom, Ingwer, Pfeffer, Odermennig und Thymian.
- Bei den Küchenkräutern: Sauerampfer, Liebstöckel – auch als Maggikraut bekannt –, Lorbeerblätter, Kerbel, Majoran, Rosmarin und Estragon. Sie geben den Speisen eine ganz eigene herbe Note, sodass der Bitterstoff hier auch zum reizvollen Geschmacksstoff wird.
- Und dann gibt es Heilkräuter, die speziell wegen ihrer Bitterstoffe für die Gesundheit eingesetzt und sehr oft für Kräuterschnäpse verwendet werden. Die bekanntesten sind:

Alant. Das Wichtigste am Alant ist die Wurzel. Alanttee ist appetitanregend und wirkt mild harntreibend.

Beifuß, auch Gänsekraut genannt. Man verwendet für den Beifuß-Tee gegen Verdauungsstörungen die Wurzeln, die Blätter und die Triebe.

Benediktenkraut. Man setzt den Tee gegen Sodbrennen, Völlegefühl und Gallenbeschwerden ein.

Bitterklee als Tee gegen Magenkrämpfe und Gallenbeschwerden.

Galgant-Wurzel. Wirkt als Tee sehr gut gegen Appetitlosigkeit und Magenkrämpfe.

Gelber Enzian. Der Tee wird gegen Blähungen und Völlegefühl getrunken und gegen Verdauungsbeschwerden, die auf einen Mangel an Magensaft zurückzuführen sind. Die Wurzel des Gelben Enzians hat den höchsten Bittergehalt, der in der Natur überhaupt vorkommt.

Hopfenblütenzapfen. Als Tee stärken sie Blase und Nieren und helfen auch bei Schlafstörungen und Unruhe.

Mariendistel. Der Tee stärkt die Leber und fördert ihre Entgiftungsarbeit. Sie hilft auch gegen den Reizmagen.

Salbei, den man vor allem gegen Erkältungen und zum Stärken der Immunkraft einsetzt.

Tausendguldenkraut. Als Tee ideal bei Leberbeschwerden.

Schafgarbe regt den Gallenfluss an und bekämpft Gallenbeschwerden.

Wermut sollte man nur in Absprache mit dem Arzt gegen Verdauungsbeschwerden und bei zu wenig Speichelproduktion einsetzen. Wermut ist sehr bitter und kann überdosiert zu Kopfschmerzen und Schwindelanfällen führen.

Und so machen Bitterstoffe in alkoholischen Getränken Sinn:

- Ein kleines Schnapsgläschen Kräuterbitter kann Völlegefühl und Blähungen unterbinden.
- Dann gibt es Cocktails mit Bitterstoffen, die man als Aperitif trinkt, um das nachfolgende Essen besser verdauen zu können. Dazu gehören Prosecco, Sekt, Champagner. Viele geben ein paar Tropfen Kräuterbitter dazu, um die Wirkung zu verstärken. Cynar und Fernet Branca enthalten ebenfalls viele Bitterstoffe.
- Jeder Cocktail wird grundsätzlich sehr sinnvoll mit Bitterstoffen angereichert, wenn man ein wenig Grapefruitsaft beigibt. Und hier – weit ab vom Kräuterschnaps – ein klassisches Rezept für einen schmackhaften Bitterstoff-Cocktail ohne Alkohol, der die Verdauung stärkt:
  Den Saft von 2 Grapefruits, 2 Orangen und einer 1/2 Zitrone in einen Krug geben, 1/4 Liter naturtrüben Apfelsaft dazugeben, 1 Messerspitze geriebene Bio-Pomeranzenschale einrühren und mit etwas Mineralwasser aufgießen.

Die wichtigsten Schnapskräuter der bekannten Kräuterschnäpse

Nicht jedes Heilkraut eignet sich zur Herstellung eines Kräuterschnapses, vor allem eines Schnapses, der ganz bestimmte gesundheitliche Wirkungen haben soll. Dafür gibt es ganz bestimmte Heilkräuter, die seit Jahrhunderten zur Herstellung von alkoholischen Auszügen verwendet werden.

Angelika

Die Angelika – auch Engelwurz genannt – ist ein Doldengewächs. Sie wächst in Norddeutschland bis hinüber ins nördliche Asien. Die Staude wird bis zu 2 Meter hoch. Große Dolden tragen grünweiße Blüten, die im Juli und August auf feuchten Wiesen, an Bächen und Flüssen weithin leuchten. Wenn sie kultiviert wird, braucht die Angelika nahrhafte Humusböden. Für die Herstellung von Kräuterschnäpsen verwendet man die Wurzel und die frischen Stängel. Hauptanbaugebiete sind heute die russischen Länder, Tschechien, Slowakei, Belgien, Frankreich, Italien und die Schweiz.

Angelika enthält die ätherischen Öle Furokumarine und Angelicin, außerdem sehr viele verschiedene Bitterstoffe. Dadurch ist die Angelika ein sehr aromatisches Bittermittel, das vor allem auf den Magen-Darm-Bereich wirkt. Die Absonderung der Magensäure und die Bildung von Verdauungssäften in der Bauchspeicheldrüse werden erhöht. Sie wirkt krampflösend und hilft bei Verdauungsstörungen. Sie kann auch Blähungen lindern.

Eine große Anzahl von Kräuterschnäpsen, die sich positiv auf den Magen auswirken, enthalten Angelika, zum Beispiel Boonecamp, Benediktiner, Kartäuser und Chartreuse. Wer einen Kräuterschnaps mit Angelika trinkt, kann den Gallenfluss verbessern, über Umwege erhöhte Cholesterinwerte senken, Blähungen schnell in den Griff kriegen und den Magen stärken.

Anis

Anis – ein Doldengewächs – ist einjährig und wird bis zu 60 Zentimeter hoch. Die Pflanze blüht von Juli bis September. Aus weißen Blüten werden die typischen, runden Anisfrüchte. Anis wächst am besten auf kalkhaltigen Böden in warmer, sonniger Lage. Anis kommt aus dem Orient und wird heute im Mittelmeerraum wie in Spanien, Italien und Griechenland, aber auch in der Türkei angebaut. Man kannte Anis schon in der Antike. Die Ägypter waren überzeugt, dass Anis schlechte Stimmung verbessern kann.

Das ätherische Öl in den Anis-Früchten besteht aus den Substanzen Anethol, Estragol, Anisaldehyd und Terpineol. Der süße Geschmack kommt vom Anethol. Mit all diesen Substanzen wirkt Anis bei Erkältungskrankheiten desinfizierend, schleim- und krampflösend. Aber auch im Magen- und Darmbereich wirkt Anis desinfizierend gegen Fäulnis- und Gärvorgänge. Außerdem bekämpft das Gewürz Krämpfe.

Ein beachtlicher Teil der Anis-Ernte wird für die Herstellung von Anis-Schnäpsen verwendet. Typisch dafür sind Ouzo, Arrak, Pernod und Anisette. Anis-Schnäpse werden sehr oft auch als Würzmittel verwendet.

Fenchel

Fenchel ist ein zweijähriges Doldengewächs, wird bis zu 2 Meter hoch und hat feine, gefiederte Blätter, die nach Anis riechen. Die Blüten sind gelb und leuchten von Juli bis September. Fenchel ist in Südeuropa, Nordafrika und Vorderasien zuhause, wird aber heute in China, Ägypten, Ungarn, Rumänien und Frankreich angebaut. Man schätzte die Fenchelfrüchte schon im Griechenland und Rom der Antike. Fenchel benötigt trockene Böden in warmer, sonniger Lage. Er wird von August bis Oktober geerntet. Die ätherischen Öle im Fenchel sind das süße Anethol, das bittere Fenchon sowie Anisaldehyd. Dazu kommen noch Zucker- und Gerbstoffe.

Fenchel wirkt krampflösend im Magen- und Darmbereich und appetitanregend. Die Darmbewegungen für eine bessere Verdauung werden aktiviert, wodurch auch Verstopfung bekämpft werden kann. Fenchel hilft gegen Blähungen und hat bei Erkältungen eine antibakterielle und sekretfördernde Wirkung.

Sehr beliebt ist in Frankreich der Fenchel-Schnaps, der Fenouillette.

Galgant

Galgant ist ein Ingwer-Gewächs, hat einen unterirdisch kriechenden Wurzelstock, der mitunter so dick wie ein Menschenarm wird. Dieser Wurzelstock spielt als Arznei und Gewürz eine wichtige Rolle. Galgant hat in Asien und in Europa eine lange Tradition. Die Wurzel wird seit Jahrtausenden als Magenmittel eingesetzt. Galgant anzubauen ist sehr aufwendig, weil der Wurzelstock, der außen rotbraun und innen hellrot gefärbt ist, erst nach 10 Jahren geerntet werden kann. Heute kommen die meisten Wurzelstöcke aus Thailand, Sri Lanka, Vietnam und Indien.

Galgant enthält ätherische Öle, aber auch fettlösliche Substanzen, außerdem Gerbstoffe, Flavonoide, sehr viel Mangan und roten Farbstoff. Damit wirkt Galgant gegen Blähungen, stärkt den Magen und regt den Stoffwechsel an.

Galgant ist eine sehr wichtige und gefragte Pflanze in der Schnaps-Industrie, wo sie in großen Mengen zur Herstellung von Magenbitter-Getränken verwendet wird. Da Galgant gegen Seekrankheit hilft, hat ein Schnapsgläschen Magenbitter so manchen Schiffspassagier vor Übelkeit und Erbrechen bewahrt.

Abgesehen von der Herstellung von Schnäpsen, hat Galgant auch in der Herstellung von Naturarzneimitteln einen hohen Stellenwert. So ist der Wurzelextrakt auch im klassischen Melissengeist nach dem Rezept der Kölner Klosterfrau Maria Clementine Martin enthalten.

Kalmus

Kalmus ist eine schilfähnliche Sumpfpflanze aus dem Himalajagebiet und aus Indien. Ihre schmalen Blätter werden über 1 Meter lang. Sie blüht im Juni und Juli. Schon die Chinesen und Perser haben Kalmus im 7. Jahrhundert vor Christi Geburt gekannt. Die Tartaren haben Kalmus zum Desinfizieren von Trinkwasser verwendet. Die Wurzel wurde im 13. Jahrhundert nach Europa gebracht. In Indien hat man mit Kalmus Insekten vernichtet, die Indianer Nordamerikas haben die Wurzel bereits als Arznei verwendet. Heute kommt die Kalmuswurzel überwiegend aus Polen, den ehemaligen jugoslawischen Ländern, aus Bulgarien, Rumänien und aus den russischen Staaten.

Der Hauptinhaltsstoff der Kalmuswurzel sind ätherische Öle, außerdem noch Bitterstoffe, Gerbstoffe und Schleimstoffe. Kalmus wirkt als aromatisches Bitterstoffmittel im Magen- und Darmbereich, stärkt den Magen, regt den Gallenfluss an und löst Krämpfe.

Kalmus wird sehr häufig für verdauungsfördernde Magenbitter und andere Kräuterliköre eingesetzt.

Kardamom

Kardamom ist eine kräftige Staude, die über 2,50 Meter hoch wird. Es handelt sich um ein Ingwer-Gewächs. Die Pflanze blüht ganzjährig. Kardamom wächst am besten in feucht-tropischen Dschungelgebieten, wo es auch Schatten gibt. Kardamom wurde schon 700 vor Christi Geburt in Babylonien angebaut. Es war immer schon ein teures Gewürz. Im Mittelalter haben Apotheker in Europa Konfekt daraus hergestellt. Heute kommt Kardamom aus Java, Sri Lanka, Indien und Mittelamerika. Verwendet werden die Früchte mit den Samen. Sie können ab dem dritten Jahr geerntet werden. Gute Qualität erkennt man an den klebrigen und dunklen Samen, die stark riechen.

Die Wirkstoffe im Kardamom sind ätherische Öle und verschiedene Flavonoide. Kardamom fördert die Verdauung, regt den Speichelfluss an, bekämpft Blähungen, Mund- und Knoblauchgeruch. Außerdem wirkt das Gewürz anregend für Liebeslust und Liebeskraft.

Kardamom wird zur Herstellung vieler Liköre verwendet und fehlt fast in keinem Punsch.

Koriander

Koriander ist ein Doldengewächs, das vom östlichen Mittelmeer bis in den Vorderen Orient sein Zuhause hat. Die Pflanze wird bis zu 90 Zentimeter hoch und hat gefiederte, abgerundete Blätter. Aus den weißen und rosafarbenen Blüten entwickeln sich kugelförmige Spaltfrüchte. In der Antike wurde Koriander eifrig in der Küche als Gewürz verwendet. Heute sind die wichtigsten Anbauländer Marokko, Türkei, China, Rumänien, Bulgarien und die Niederlande.

Die ätherischen Öle im Koriander wirken gegen Blähungen und Krämpfe im Darmbereich. Koriander fördert die Darmbewegung und kann das Wachstum von krankmachenden Bakterien und Pilzen stoppen. Koriander kann aber auch in den Bronchien Schleim lösen. In kleinen Mengen wirkt Koriander stimmungsaufhellend. In großen Mengen macht er müde. Koriander schmeckt süßlich, würzig, pikant und leicht scharf.

Koriander wird häufig zum Aromatisieren von Likören verwendet.

Kümmel

Der Kümmel gehört – wie so viele andere Arznei- und Gewürzpflanzen – zur Familie der Doldengewächse. Die Pflanze ist in Europa heimisch. Der wilde Kümmel wächst auf Wiesen, Böschungen und Schutthalden, liebt schwere Lehmböden und blüht von Mai bis Juli. Er wird bis zu 60 Zentimeter hoch. Kümmel gehört zu den ältesten Nutzpflanzen des europäischen Kulturkreises. Man kannte ihn bereits 3.000 vor Christi Geburt. Auch in der Antike nutzte man Kümmel: in Griechenland als Gewürz, in Rom als verdauungsförderndes Mittel, das Blähungen verhindern sollte. Karl der Große befahl dann in Mitteleuropa den Kümmelanbau in Klöstern. Hildegard von Bingen hat viel über den Kümmel und seine harntreibende, krampflösende und verdauungsfördernde Wirkung geschrieben.

Heute wird der beste Kümmel in den Niederlanden, in Polen, Skandinavien und im deutschen Ostfriesland geerntet. Er schmeckt aromatisch-würzig und hat einen ganz eigenen, typischen Geruch.

Die wichtigsten Wirkstoffe im Kümmel sind Flavonoide, Gerbstoffe, Carveol, Carvon, Limonen. Auf Grund dieser Inhaltsstoffe kann man mit Kümmel die Haut sowie die Schleimhäute stärken, kann die Produktion von Verdauungssäften fördern und ein unangenehmes Völlegefühl rasch aus der Welt schaffen.

Kümmel ist die Grundlage für viele verdauungsfördernde Schnäpse und Liköre. Nicht jedermann mag Kümmel-Schnaps. Aber die, die ihn lieben, schwören auf seine Wirkung.

Melisse

Die Melissen-Pflanze hat die meisten Wirkstoffe, wenn sie im Mittelmeerraum geerntet wird. Eine ideale Gegend ist das Ebro-Delta. Die Melisse mag warmes Klima und braucht lockere Böden. Die Melisse war schon im antiken Rom bekannt und wurde zur Beruhigung und gegen Hysterie eingesetzt. Die Benediktiner-Mönche brachten die Melisse nach Mitteleuropa. Daher nannte man es das Pfaffenkraut. Paracelsus verordnete die Melisse gegen Nervosität. Das Wichtigste sind die Blätter: Sie enthalten die ätherischen Öle Citral und Citronellal.

Die Melisse wird heute gegen Wetterfühligkeit sowie gegen Stress und zur Beruhigung des vegetativen Nervensystems eingesetzt. Sie löst aber auch Krämpfe im Magen-Darm-Bereich.

Die zarte, leicht bittere Melisse wird zur Herstellung folgender Schnäpse eingesetzt: Kartäuser, Benediktiner, Karmelitergeist.

Gewürznelken

Der Gewürznelkenbaum ist ein immergrünes Gewächs, das bis zu 20 Meter hoch wird und nur in Meeresnähe gedeiht. Der Baum trägt rote Blüten, die allerdings fast nie zur Entfaltung kommen, weil die Blütenknospen als Gewürznelken gebraucht und geerntet werden. In ägyptischen Gräbern gab man den Verstorbenen Gewürznelken auf die Reise in die andere Welt mit. Im 8. Jahrhundert lernten Ärzte in Mitteleuropa die Nelken von den Arabern kennen. Man entdeckte ihre keimtötende Wirkung und versuchte sich damit vor Epidemien zu schützen. Man kaute wie verrückt Gewürznelken. Im 18. Jahrhundert handelten hauptsächlich die Holländer damit. Sie wurden damals mit Gold aufgewogen. Heute kommen die meisten Gewürznelken aus Sansibar, Mauritius und Madagaskar.

Nelken enthalten sehr viele ätherische Öle und Gerbstoffe. Das ätherische Öl der Nelken wirkt schmerzstillend, desinfizierend und bekämpft schädliche Bakterien. Es fördert den Schleimauswurf bei Bronchitis und schützt den Magen vor Geschwüren.

Gewürznelken geben vielen Likören ihr typisches Aroma.

Pfefferminze

Es gibt viele Minzesorten, aber nur drei werden für die Medizin genützt. Und genau diese werden in der Likörindustrie eingesetzt. Die Pfefferminze ist seit der Antike bekannt und wächst in ganz Europa. Verwendet werden die Blätter. Sie enthalten die ätherischen Öle Menthon, Menthofuran, Eukalyptol und Limonen. Der Hauptwirkstoff aber ist das Menthol. Enthalten sind in den Blättern auch Flavonoide, Apigenin und Luteolin sowie Gerbstoffe.

Pfefferminze fördert die Speichelbildung und die Produktion von Magensäure, bekämpft Blähungen und verstärkt den Gallenfluss. Pfefferminze wirkt auch krampflösend und bekämpft schädliche Bakterien.

Die aromatisch riechende Pfefferminze wird in großen Mengen in der Likör-Industrie verwendet.

Piment

Piment ist – wie Pfeffer – ein Myrtengewächs. Der Baum wird bis zu 13 Meter hoch und trägt dunkle, ovale Beerenfrüchte, die vor der Reife geerntet werden, weil sie da das stärkste Aroma haben. Piment wurde von Kolumbus nach Europa gebracht. Die beste Pimentware kommt aus Mittelamerika und Jamaika. Piment enthält überwiegend das ätherische Öl Eugenol, Methyleugenol und Gerbstoffe.

Piment regt den Speichelfluss an, wirkt gegen Blähungen und regt den Appetit an. Es riecht aromatisch nach Nelken, Zimt und Muskat, schmeckt würzig und leicht scharf.

Piment wird zur Herstellung von Schnäpsen und Likören wie Chartreuse, Benediktiner und Stonsdorfer verwendet.

Raute

Die Raute ist mit der Orange und Zitrone verwandt. Die Pflanze wird bis zu 90 Zentimeter hoch und hat dicke, durchscheinend punktierte Blätter. Diese Punkte sind die Drüsen der ätherischen Öle. Die Raute blüht grünlichgelb von Juni bis August. Sie war schon bei den Griechen und Römern der Antike bekannt, wurde damals gegen Nasenbluten eingesetzt. Im Mittelalter wollte man damit die Sehkraft verbessern und sich vor der Pest schützen. Heute wird die Raute aus Griechenland, aus den ehemaligen jugoslawischen Ländern, aus Italien und aus der Slowakei geliefert.

Die Blätter der Raute enthalten ätherische Öle, z. B. Methylnonylketon, Bioaktivstoffe und Alkaloide. Damit wirkt die Raute entzündungshemmend und krampflösend. Das Rutin macht die Blutgefäße elastisch und stärkt die Nerven.

Der Extrakt aus Rauteblättern wird hauptsächlich zum Aromatisieren des bekannten Trester-Schnapses Grappa verwendet.

Rosmarin

Rosmarin gehört zur Familie der Lippenblütler, gedeiht am besten im Mittelmeerraum auf trockenem, warmem Boden. Die Blätter sind nadelförmig und länglich. In der Antike war das Heilkraut der Göttin Aphrodite geweiht. Die Benediktiner brachten Rosmarin über die Alpen nach Mitteleuropa. Der beste Rosmarin kommt aus Frankreich, Spanien, Italien, Algerien und Marokko.

Im Rosmarin sind ätherische Öle, Flavonoide, Gerb- und Bitterstoffe. Rosmarin fördert den Gallenfluss, aktiviert die Durchblutung, macht vital und regt den Kreislauf an.

Rosmarin ist in vielen Magenlikören enthalten.

Wacholder

Wacholder wächst auf der ganzen nördlichen Halbkugel. Er ist ein Zypressengewächs. Die Pflanze wird zu einem mannshohen Strauch, als Baum kann sie bis zu 10 Meter hoch werden. Die Beerenzapfen brauchen bis zur Reife drei Jahre. Wacholder wächst am besten in Moor- oder Heidelandschaften. Bei den Germanen galt Wacholder als heilige Pflanze. Die Römer nutzten ihn zur Entwässerung und zur Desinfektion. Wacholder, der in Deutschland unter Naturschutz steht, wird hauptsächlich aus Norditalien, vom Balkan oder aus Schweden angeliefert.

Wacholder enthält ätherische Öle, Flavonoide und Gerbstoffe. Wacholder wirkt entwässernd und kann in zu großen Mengen die Nieren reizen. Er fördert die Durchblutung, wirkt gegen Blähungen und aktiviert die Darmmuskulatur. Wacholder schmeckt würzig-herb, süß und bitter zugleich.

Wacholder ist in den Schnäpsen Gin, Genever, Steinhäger und Wacholder enthalten.

Zimt

Zimtrinde wird in Ceylon und Kassia in Myanmar (Burma) von immergrünen, 20 Meter hohen Bäumen mit ledrigen Blättern gewonnen. Die Bäume blühen gelb. Verwendet wird die Rinde von zarten, dünnen Zweigen, die sich beim Trocknen zusammenrollt. In China kannte man Zimt schon vor 5.000 Jahren. Der Zimt war in der frühen Neuzeit so wertvoll, dass seinetwegen Holländer, Portugiesen und Engländer Seeschlachten führten.

Zimt enthält ätherische Öle, Schleim- und Gerbstoffe. Er tötet schädliche Bakterien und Pilze ab, stärkt den Magen, fördert die Verdauung, bekämpft Blähungen und harmonisiert den Blutzuckerhaushalt.

Zimt ist seit jeher ein wichtiger Bestandteil von Magenbitter-Schnäpsen.

Underberg

Die bekanntesten und beliebtesten Kräuterschnäpse und Kräuterliköre

Underberg – die Portion Wohlbefinden

Underberg – das sind Kräuter aus 43 Ländern, Alkohol und Brunnenwasser. Ein reines Naturprodukt, kein Zusatz von Zucker und chemischen Substanzen. Die Rezeptur ist ein streng gehütetes Familiengeheimnis.

Im 19. Jahrhundert wurden alkoholische Bittergetränke aus Kräutern besonders geschätzt. Die Mixturen wurden als hochkonzentrierte Elixiere hergestellt und dann vor dem Genuss mit Genever oder anderen Spirituosen verdünnt.

Auch Hubert Underberg schätzte die wohltuende Wirkung dieser Getränke – insbesondere nach üppigen Mahlzeiten oder auf Reisen. Da sich jedoch das Mischverhältnis und die Wirkung von Ort zu Ort änderten, beschloss er, dieses bekömmliche Getränk nach der Devise „Semper idem – immer gleich bleibend hohe Qualität und Wirkung“ herzustellen. Die Idee „Underberg“ war geboren. Underberg befasste sich daraufhin intensiv mit Kräuterkunde, bis er schließlich eine bekömmliche Mischung aus erlesenen und aromatischen Kräutern zusammenstellte.

Entsprechend den hohen Qualitätsansprüchen werden die Kräuter einer umfangreichen und strengen Eingangskontrolle unterzogen.

Dem Kräuterextrakt werden dann hochwertiger Alkohol und frisches Brunnenwasser zugesetzt und nach dem Underberg'schen Geheimverfahren „Semper idem“ verarbeitet. Durch dieses spezielle Verfahren wird der schonende Auszug der Wirk- und Aromastoffe aus den Kräutern garantiert.

Danach reift Underberg viele Monate in Eichenfässern, bevor er abgefüllt wird.

Die Bitterstoffe in Underberg wirken vor allem im Magen. Sie lösen aber bereits auf der Zunge eine erste Reaktion aus, die die Produktion der Verdauungssäfte anregt. Die stimulierten Verdauungssäfte beschleunigen den Abbau von Eiweiß und Kohlenhydraten. Underberg regt auch den Gallenfluss an, was sich besonders vorteilhaft auf die Fettverdauung auswirkt.

Und so genießt man den Underberg Kräuter-Digestif:

Ins Glas eingießen und zunächst die klare, helle Bernsteinfarbe betrachten – das Auge genießt mit! Noch nicht trinken, sondern erst riechen: Der Duft eines ganzen Kräutergartens entfaltet sich. Jetzt einen ersten kleinen Schluck nehmen – keinesfalls das ganze Glas – und auf der Zunge zergehen lassen. Zu Beginn schmeckt man eine verhaltene Süße – dann Kräuter, Kräuter, Kräuter und milden Alkohol.

Da kratzt nichts, da brennt nichts und da zieht nichts die Mundwinkel zusammen. Schlucken – und die wohltuende Wärme verlagert sich vom Mund in den Magen. So den Digestif Schluck für Schluck genießen.

Rossbacher

Rossbachers unvergleichliche Geruchs- und Geschmacksharmonie entsteht durch die einmalige, streng geheime Mischung aus ausgesuchten Kräutern, Wurzeln und Beeren bester Qualität, die nach einem ebenso geheimen Rezept sorgfältig hergestellt wird.

Bei der Mazeration (dem Einweichen) werden die Kräuter, Wurzeln und Beeren in einer Alkohol-Wasser-Mischung eingeweicht, damit die Geschmacks- und Wirkstoffe ausgelaugt werden. Anschließend durchseiht man bei der Perkolation (Durchfließen von Wasser durch ein festes Substrat) die verschiedenen Kräuter

mit einer Alkohol-Wasser-Mischung. Bei der Destillation werden die kupfernen Destillationskessel durch Dampf erhitzt, sodass der Alkohol samt Kräuteraromen aufsteigt. Anschließend wird der Alkohol wieder abgekühlt.

Und so beschreibt der Fachmann den Rossbacher: *„Die Nase des Rossbacher ist kräuterwürzig mit leisen Zitrus-Obertönen, am Gaumen halten sich mollige, dezenteste süßliche Akzente und kräuterbittere Herbe in schöner Balance, der Abgang ist blitzsauber."*

GESUNDHEITSTIPP

Wohltuend für den Magen, wärmend und verdauungsfördernd.

Rossbacher on ice

4 cl Rossbacher

mit einem Spitzer Zitrone und auf Eis servieren.

Rossbacher Sour

5 cl Rossbacher
2 cl Orangensaft
3 cl Zitronensaft
2 cl Läuterzucker (gleiche Menge Zucker und Wasser erhitzen und wieder abkühlen lassen)

Alle Zutaten shaken und auf Eis servieren.

Rossbacher Fizz

5 cl Rossbacher
3 cl Zitronensaft
2 cl Läuterzucker

Das Ganze auf Eis shaken, mit 8 cl Soda auffüllen und servieren.

Averna

Averna Amaro ist ein klassischer Kräuterlikör. Die geheime Kräutermischung besteht aus 60 verschiedenen Kräutern. Jegliche Zwischenprodukte, wie z. B. Essenzen oder Extrakte, werden bei der Herstellung strikt vermieden. Die verwendeten Kräuter werden im Labor verlesen, vermengt, gewogen und im Mörser zerkleinert. Anschließend ruhen sie zwölf Stunden in Alkohol. Aus dieser Kräuter-Alkohol-Mischung wird ein Extrakt – genannt „Infus“ – gewonnen. Der Infus wird mehrmals gefiltert, bis er sich in eine reine Flüssigkeit verwandelt hat. Diese Flüssigkeit wird in Holzfässer umgefüllt und mit gebranntem Zucker versetzt. Dort lagert der Averna bis zur Abfüllung.

Averna on the rocks

4 cl Averna
1 Spritzer Zitronensaft

Das Ganze auf Eis servieren.

Rosso Siciliano

4 cl Averna
8 cl Blutorangensaft

Eis in ein Glas geben. Averna einfüllen und mit Blutorangensaft auffüllen.

Gilka Kaiser-Kümmel

„Der Kurze von Berlin“ wird aus speziell ausgesuchten feinen Kümmelsamen und durch doppelte Destillation hergestellt.

Gilka wirkt Schluck für Schluck zum Essen. Delikate und herzhafte Speisen werden dadurch besonders bekömmlich. Seinen vollen Geschmack entfaltet Gilka, wenn er gekühlt getrunken wird.

Escorial

Der „Kräuterlikör der 1920er-Jahre“ erhält seine besondere Eigenart durch die auserlesenen Kräuter und seinen Alkoholgehalt von 56 % vol. Er hat eine zartgrüne Farbe, sein Geschmack ist herb-süß mit feinem Kräuteraroma. Durch seinen hohen Alkoholgehalt wird er in der Küche auch zum Flambieren verwendet.

Escorial-Frutto

4 cl Escorial
4 cl Orangensaft
4 cl Maracujasaft
2 cl Zitronensaft
2 cl Maracujasirup

Einige Eiswürfel in ein Longdrinkglas geben. Die Zutaten dazugeben, umrühren und servieren.

Acapulco

2 cl Escorial
2 cl Tequila
2 cl Grapefruitsaft
1 cl Zitronensaft

Alle Zutaten mit einigen Eiswürfeln in einen Shaker geben und kräftig schütteln. Anschließend durch ein Barsieb in eine Cocktailschale abgießen.

Angostura Bitter

Dieser Magenbitter zeichnet sich durch seinen feinen, aromatischen und angenehm bitteren Geschmack aus.

Seinen einzigartigen Geschmack und sein herrliches Aroma erhält er durch die Verwendung der Original Angostura-Rinde. Er eignet sich sehr gut zur Verfeinerung von Cocktails und Mixgetränken und wird auch zur Veredelung von Suppen, Soßen, Pasteten und Nachspeisen sehr gerne verwendet.

Bitterlyne Orange

Dieser Orangen-Bitter wird aus einem Extrakt aus Pomeranzen-Schalen ausgewählter feiner Sorten unreifer Pomeranzen von der Insel Curaçao in Mittelamerika hergestellt. Er zeichnet sich aus durch seinen feinen, angenehm bitteren Geschmack.

Mit Bitterlyne-Orange werden viele internationale Cocktails und Longdrinks verfeinert und abgerundet.

Wurzelgraber® Bergkräuter

Das ist ein klares Destillat von ausgewählten Bergkräutern und Wurzeln aus den Alpen. Die Zusammensetzung der Kräutermischung basiert auf den überlieferten geheimen Kräuterrezepturen der Familie Raunikar. Die Rezepturen wurden für dieses klare Destillat weiterentwickelt und verfeinert. Im Unterschied zu Kräuterlikören wird das aus Kräutern gewonnene klare Destillat nicht mit Zucker abgerundet.

Paracelsus-Bitter

Nach der Philosophie seines Namensgebers vereint der Paracelsus-Bitter höchste Bekömmlichkeit mit größter Wirksamkeit.

37 Kräuter, Wurzeln, Samen und Früchte, deren Wirkstoffe in einem ganz besonderen Extraktionsverfahren gewonnen werden, vereinen sich in vollkommener Harmonie. Hochwertige, heimische Waldbeeren, vor allem Heidelbeeren, unterstützen die belebende und wohltuende Wirkung.

Echt Feldkirchner Bitter

Nach eigenen Vorstellungen kreierte Johann Raunikar aus 35 Gewürzkräutern, Samen und Wurzeln sowie Früchten und Beeren eine einzigartige Bitterspezialität.

Echt Feldkirchner Bitter wird als Aperitif mit Soda aufgespritzt getrunken oder nach einem ausgiebigen Essen als Digestif pur genossen.

Braulio Amaro

Bereits 1875 entwickelte der Botaniker Francesco Peloni das Originalrezept für diesen Amaro.

Die Zutaten sind ausschließlich frische Kräuter und Quellwasser aus der Bergregion Valtelina, die für den natürlichen Geschmack sorgen. Die Kräuter werden an der frischen Bergluft getrocknet und anschließend einen Monat mit Quellwasser auf Alkohol fermentiert.

Die Komposition der Menge und Art der Kräuter ist ein streng gehütetes Geheimnis. Bevor der Braulio Amaro in Flaschen abgefüllt wird, reift er noch 2 Jahre im Eichenfass.

Die besten Rezepte zum Selbermachen

Heute können Sie jederzeit alles kaufen, aber es ist doch immer wieder interessant, auch einmal einen Kräuterschnaps oder Kräuterlikör selbst herzustellen.

Man unterscheidet:

Likör – das ist eine Spirituose mit aromatisierenden Stoffen und mehr als 100 g Zucker pro Liter. Liköre haben mindestens 15 Vol-% Alkohol pro Liter.

Schnaps – dieses stark alkoholhaltige Getränk wird meist aus Obst, Kartoffeln oder Getreide gebrannt und dann für Ansatzschnäpse verwendet.

Beim Ansetzen dieser Kräuterschnäpse und Kräuterliköre müssen Sie sich nicht streng an die Rezepte halten, experimentieren Sie mit den Zutaten und gestalten Sie Ihre eigenen Geschmacksrichtungen.

Einiges sollten Sie aber beachten:

- Verwenden Sie einen guten Ansatzschnaps mit ca. 40 % Alkoholgehalt (Korn, Obstler oder Weinbrand).
- Frische grüne Kräuter verlieren an Farbe, wenn sie an der Sonne stehen. Bei getrockneten Kräutern, Zapfen, grünen Nüssen, Wurzeln und Gewürzen ist Sonnenschein für eine kräftige Farbe wichtig.
- Alle Zutaten müssen immer vollständig mit Alkohol bedeckt sein.
- Viele Ansätze müssen nach der Ansatzzeit nicht nur abgeseiht, sondern auch filtriert werden. Am besten geeignet sind Kaffee- und Teefilter. Sie können auch ein Haarsieb mit einem gefalteten Leinentuch nehmen.
- Ohne Zucker ist es kein Likör. Da sich Zucker in Alkohol schwer auflöst, kann man auch eine Lösung aus Wasser und Zucker verwenden.
- Gewürze und reinen Alkohol besorgt man sich am besten in der Apotheke.
- Mit intensiven Gewürzen, z. B. Sternanis, Koriander, Ingwer, sparsam umgehen – weniger ist mehr!
- Wenn der Geschmack beim ersten Verkosten zu scharf ist, lassen Sie den Likör noch einige Monate reifen. Ein guter Tropfen braucht seine Zeit.

Kräuterbitter

6 g Muskatblüte
1 Zimtstange
9 Kardamomkapseln
5 Gewürznelken
250 ml Weingeist (90 %)
350 ml destilliertes Wasser
250 g Zucker
500 ml Weingeist (70 %)

Die Gewürze im Mörser zerstoßen und in ein Ansatzgefäß geben. Mit 90 %-igem Weingeist übergießen. An einen warmen, sonnigen Ort stellen und täglich durchschütteln.

Nach 3 Wochen den Ansatz abseihen. Den Zucker im warmen destillierten Wasser auflösen, abkühlen lassen und zum Ansatz geben. Den 70 %-igen Weingeist dazugeben, gut schütteln und für weitere 2 Monate an einen warmen Ort stellen.

Den Ansatz filtrieren und in Flaschen füllen.

Gesundheitstipp

Appetitanregend, verdauungsfördernd.

Ginsengschnaps

80 g Ginsengwurzeln
700 ml Wodka

Die Ginsengwurzeln zerkleinern und mit dem Wodka bis zum Siedepunkt erhitzen. Den Ansatz in ein Ansatzgefäß füllen und 1 Woche an einem warmen, aber nicht sonnigen Platz ziehen lassen.

Anschließend filtrieren und in Flaschen abfüllen.

Gesundheitstipp

Kreislaufstärkend.

Enzianschnaps

40 g Wurzeln vom Gelben Enzian
1 l Wodka

Die gesäuberten Wurzeln fein schneiden und in ein Ansatzgefäß geben, mit Wodka auffüllen.

Den Ansatz an einen warmen, sonnigen Platz stellen und täglich schütteln. Nach 2 Wochen den Ansatz für weitere 2 Monate ruhen lassen. Anschließend filtrieren und in Flaschen abfüllen.

Gesundheitstipp

Appetitanregend, verdauungsfördernd,
nervenstärkend,
fördert die Tätigkeit von Leber und Galle.

Anislikör

40 g Anissamen
1 Zimtstange
250 g Kandiszucker
1 l Korn (40 %)

Die Anissamen im Mörser zerstoßen und mit der Zimtstange und Zucker in ein Ansatzgefäß geben. Mit Alkohol übergießen und an einen warmen, aber nicht sonnigen Ort stellen.

Nach 6 Wochen den Ansatz filtrieren, in Flaschen abfüllen und gut verschließen. Kühl und trocken lagern.

Gesundheitstipp

Entkrampfung von Magen- und Darmwänden.

Bärenfang

1/2 Muskatnuss
2 kg Honig
1 l Weingeist (40 %)
1/2 l Weinbrand

Weingeist und Weinbrand miteinander vermischen und den Honig unter Rühren darin auflösen.

Die Muskatnuss reiben und dazugeben. Auf 40 Grad erwärmen und gut verrühren. Ungefähr 10 Tage ruhig lagern.

Anschließend filtrieren und in Flaschen abfüllen.

Gesundheitstipp

Stimmungsaufhellend.

Gewürznelkenlikör

10 Gewürznelken
1 EL Koriander
1 Zimtstange
200 g Kandiszucker
20 Orangenblüten
1 l Weinbrand

Die Gewürze im Mörser zerstoßen und mit dem Zucker und den Orangenblüten in ein Ansatzgefäß geben.

Für 6 Wochen an einen warmen, aber nicht sonnigen Platz stellen und täglich schütteln.

Den Ansatz filtrieren und in Flaschen füllen. Noch 3 Wochen nachreifen lassen.

Gesundheitstipp

Magenberuhigend.

Eukalyptuslikör

25 g Eukalyptusblätter
6 Pfefferminzblätter
100 g Hustenbonbons
200 g Zucker
1 l Grappa

Eukalyptus- und Pfefferminzblätter klein schneiden und mit den etwas zerkleinerten Hustenbonbons in ein Ansatzgefäß geben. Den Grappa darüber gießen und an einem warmen, aber nicht sonnigen Platz ziehen lassen.

Nach 2 Wochen den Zucker in 200 ml heißem Wasser auflösen und dem Ansatz beimengen. Noch 1 Woche ziehen lassen, dabei den Ansatz jeden Tag kräftig durchschütteln.

Anschließend filtrieren, in Flaschen abfüllen und weitere 5 Wochen ziehen lassen.

Gesundheitstipp

Hustenlindernd.

Löwenzahnlikör

150 g Löwenzahnblüten
300 g Zucker
250 ml Wasser
4 Orangen, unbehandelt
750 ml Weingeist (90 %)
750 ml Wasser

Die Löwenzahnblüten waschen, trocknen und in ein Ansatzgefäß geben. Den Zucker im heißen Wasser auflösen, abkühlen und über den Löwenzahn gießen. Zwei Orangen samt Schale schneiden und dazugeben, die restlichen zwei Orangen auspressen und den Saft in das Ansatzgefäß gießen. Eine Woche lang an einem warmen Ort ziehen lassen.

Den Ansatz filtrieren und mit dem Weingeist und Wasser aufgießen, in Flaschen füllen und 3 Monate ziehen lassen.

Gesundheitstipp

Leber-, galle- und magenstärkend.

Zimtlikör

2 Zimtstangen
200 g Zucker
300 ml Wasser
4 Tropfen Aromaöl Orange
1 l Korn (38 %)

Eine Zimtstange zerdrücken und mit der zweiten in ein Ansatzgefäß geben. Den Zucker ebenfalls dazugeben und mit dem Alkohol übergießen. Den Ansatz an einem warmen, aber nicht sonnigen Platz ruhen lassen.

Nach 6 Wochen abseihen. Den Zucker mit Wasser aufkochen und abkühlen lassen. Mit dem Ansatz mischen und 3 Stunden ziehen lassen. Anschließend filtrieren und in Flaschen füllen.

Noch weitere 3 Monate ruhen lassen.

Gesundheitstipp

Verdauungsfördernd, kreislaufstärkend.

Tannenspitzenlikör

5 frische, hellgrüne Tannenspitzen
4 EL Honig
700 ml Gin

Die Tannenspitzen gut waschen und abtropfen lassen. Mit dem Honig in ein Ansatzgefäß geben und mit Gin übergießen. An einen warmen, aber nicht sonnigen Platz stellen und 2- bis 3-mal in der Woche gut durchschütteln.

Den Ansatz filtrieren und in Flaschen füllen. An einem kühlen, dunklen Ort noch 4 bis 6 Monate reifen lassen.

Gesundheitstipp

Beruhigend.

Schlehenlikör

500 g reife Schlehen,
geerntet nach dem ersten Frost
2 Vanilleschoten
1 Zimtstange
250 g Zucker
1 l Obstbrand (40 %)

Die Schlehen waschen und gut abtropfen lassen. In ein Ansatzgefäß füllen und etwas zerquetschen. Die Vanilleschoten längs aufschneiden und zusammen mit der Zimtstange und dem Zucker in das Ansatzgefäß geben. Mit dem Alkohol übergießen.

Den Ansatz an einem dunklen Ort ziehen lassen. Nach 6 Wochen filtrieren und in Flaschen abfüllen.

Gesundheitstipp

Blähungswidrig, nierenstärkend.

Nussschnaps

10 grüne Nüsse
(vor der Sonnenwende ernten)
1 Zimtstange
3 Gewürznelken
2 Stück Sternanis
Schale einer unbehandelten Orange
1 Vanilleschote
1 EL Anissamen
200 g Kandiszucker
1 l Korn

Die Nüsse waschen, trocknen und vierteln. Mit den Gewürzen und Zucker in ein Ansatzgefäß geben und mit dem Korn übergießen.

An einen warmen, sonnigen Platz stellen und 6 Wochen ziehen lassen. Die Flüssigkeit wird dabei fast schwarz.

Anschließend filtrieren und noch 2 Monate nachreifen lassen.

Gesundheitstipp

Verdauungsfördernd.

Minze-Melissen-Likör

15 g frische Pfefferminze
30 g Zitronenmelisse
4 Tropfen Aromaöl Zitrone
125 g weißer Kandiszucker
10 g Korianderkörner
700 ml Korn (38 %)

Zitronenmelisse und Pfefferminze waschen und mit Küchenpapier trockentupfen. Die groben Stängel entfernen. Die Kräuter abwechselnd mit dem Kandiszucker in ein Ansatzgefäß schichten, die Korianderkörner darüber streuen und mit Korn übergießen. An einem warmen, aber nicht sonnigen Platz 6 Wochen ziehen lassen.

Den Ansatz gut durchschütteln und anschließend filtrieren. In Flaschen füllen und an einem kühlen, dunklen Ort noch 6 Wochen ziehen lassen.

Gesundheitstipp

Magen- und nervenstärkend.

Kräuterschnaps

200 g Zucker
2 l Korn (38 %)
4 g Weinstein
4 g Tausendguldenkraut
8 g Alantwurzel
7 g Enzianwurzel
12 g Sternanis
4 g Anissamen

Alle Gewürze und den Zucker in ein Ansatzgefäß füllen und mit dem Alkohol übergießen. An einem warmen, aber nicht sonnigen Platz ca. 3 Wochen ziehen lassen. Ab und zu durchschütteln, damit sich der Zucker gut auflöst.

Anschließend filtrieren und in Flaschen füllen. An einem kühlen, dunklen Ort weitere 6 Wochen ruhen lassen.

Gesundheitstipp

Hilft bei Harnwegs- und Blasenleiden.

Kleeblütenschnaps

3 Handvoll Rotkleeblütenköpfe
4 Stück Würfelzucker
1 l Korn (40 %)

Die Rotkleeblütenköpfe mit dem Würfelzucker in ein Ansatzgefäß geben und mit dem Korn übergießen. Für 6 Wochen an einen warmen und sonnigen Platz stellen und zwei- bis dreimal wöchentlich durchschütteln, damit sich der Zucker gut auflöst.

Anschließend filtrieren und in Flaschen abfüllen. Dann nochmals 6 Wochen an einem dunklen, kühlen Ort ruhen lassen.

Gesundheitstipp

Verdauungsfördernd.

Hopfenschnaps

25 Hopfenblütenzapfen
3 EL Honig
1 l Wodka

Die Hopfenblüten mit dem Honig in ein Ansatzgefäß geben und mit Wodka übergießen. An einen warmen, sonnigen Platz stellen und täglich gut durchschütteln. Nach 3 Wochen den Ansatz weitere 3 Wochen völlig ruhen lassen.

Anschließend filtrieren und in Flaschen abfüllen.

Gesundheitstipp

Nervenberuhigend, schlaffördernd.

Fichten- und Kiefernnadelschnaps

50 g junge Fichtennadeln
50 g junge Kiefernnadeln
60 g Wildblumenhonig
1 l Wodka

Die Nadeln und den Honig in ein Ansatzgefäß geben und mit Wodka übergießen. Den Ansatz 2 Wochen an einem warmen, aber nicht sonnigen Platz ziehen lassen und täglich kräftig durchschütteln. Anschließend filtrieren und in Flaschen abfüllen.

Gesundheitstipp

Nervenberuhigend,
gegen Schlaflosigkeit.

Angelikalikör

30 g getrocknete Angelikawurzel
10 g Angelikasamen
5 Körner Koriander
1 Zimtstange
1 l Korn (40 %)
250 g Zucker
350 ml Wasser

Angelikawurzel, Angelikasamen, Koriander und Zimtstange in ein Ansatzgefäß geben und mit dem Korn übergießen. Gut verschließen und an einen warmen, aber nicht sonnigen Ort stellen. Ab und zu schütteln.

Nach 4 Wochen den Absatz abseihen. Zucker mit Wasser aufkochen und abkühlen lassen. Mit dem Alkohol vermischen. Bei Bedarf nachsüßen. Das Gefäß wieder verschließen und weitere 4 Wochen an einen warmen, aber nicht sonnigen Ort stellen.

Den Likör filtrieren und in Flaschen füllen. Am besten schmeckt er, wenn er noch 2 Monate ruhen kann.

Gesundheitstipp

Appetitanregend, blähungswidrig und verdauungsfördernd.

Buchenlikör

3 Handvoll junge Buchenblätter
700 ml Wacholderschnaps
100 g Zucker

Die Buchenblätter mit dem Zucker in ein lichtdurchlässiges Ansatzgefäß geben und mit dem Wacholderschnaps übergießen. Eine Stunde lang kräftig durchschütteln, bis sich der Zucker aufgelöst hat. Dann an einen warmen, schattigen Platz stellen.

Nach 3 Wochen filtrieren und in Flaschen abfüllen. An einem dunklen, kühlen Ort noch 6 Wochen nachreifen lassen.

Gesundheitstipp

Blutreinigend und haarwuchsanregend.

Eisenkrautschnaps

40 g Echtes Eisenkraut
15 g Weidenrinde
3 EL Honig
1 l Wodka

Das Eisenkraut mit der Weidenrinde und dem Honig in ein Ansatzgefäß geben und mit Wodka auffüllen.

Den Ansatz an einen warmen Platz stellen und 2 Wochen lang täglich schütteln. Anschließend den Ansatz filtrieren, die Kräuter auspressen und in Flaschen abfüllen.

Gesundheitstipp

Nervenstärkend.

Aquavit

2 g Ingwerwurzel
3 Gewürznelken
1/2 g Chilischote
1/2 g Muskatnusspulver
20 Fäden Safran
1 Zimtstange
2 EL Sultaninen, getrocknet
50 g weißer Kandiszucker
1 l Doppelkorn

Die Ingwerwurzel fein schneiden und mit allen Zutaten in ein Ansatzgefäß geben. Mit dem Alkohol auffüllen. Während der nächsten Stunde das Gefäß gründlich durchschütteln, bis sich der Kandis aufgelöst hat. An einen schattigen Platz stellen. Nach 2 Tagen filtrieren und in Flaschen abfüllen.

Gesundheitstipp

Verdauungsanregend,
Heilprozesse unterstützend.

Kümmelschnaps

90 g Kümmel
150 g Zucker
1 l Obstler

Kümmel und Zucker in ein Ansatzgefäß geben und mit dem Alkohol übergießen. An einen warmen, sonnigen Platz stellen und 4 Wochen ruhen lassen. Ab und zu ein wenig schütteln, damit sich der Zucker gut auflöst.

Den Ansatz filtrieren und in Flaschen füllen.
Noch weitere 2 Wochen ruhen lassen.

Gesundheitstipp

Blähungswidrig, verdauungsfördernd.

Verdauungsschnaps

25 g frische Zitronenmelisse
12 g Wacholder
10 g Ysop
6 g Koriandersamen
6 g Kalmuswurzel
6 g frische Pfefferminze
4 g Schale einer unbehandelten Zitrone
1/2 Zimtstange
2 g Muskatblüte
2 g Muskatnuss
4 Gewürznelken
1,5 l Weingeist (90 %)
900 g brauner Zucker
1,2 l destilliertes Wasser

Alle Kräuter und Gewürze im Mörser zerkleinern und in ein großes Ansatzgefäß geben. Mit dem Alkohol übergießen und für 4 Wochen an einen warmen, sonnigen Platz stellen.

Aus dem Zucker und dem Wasser einen Zuckerlösung kochen und abkühlen lassen. Den Ansatz filtrieren und mit der Zuckerlösung gut vermischen. In Flaschen füllen und an einem kühlen, dunklen Ort lagern.

Gesundheitstipp

Wohltuend für den Magen nach einem ausgiebigen, schweren Essen.

Spitzwegerichlikör

2 Handvoll Spitzwegerichblätter
1 l Weinbrand
300 g Zucker
400 ml Wasser

Spitzwegerichblätter kalt waschen und mit Küchenpapier gründlich trockentupfen. In ein Ansatzgefäß aus lichtdurchlässigem Glas geben und mit Alkohol übergießen. Das Gefäß gut verschließen und an einen warmen, sonnigen Platz stellen.

Nach 6 Wochen den Ansatz abseihen und filtrieren.

Aus Zucker und Wasser eine Zuckerlösung kochen und überkühlen lassen. Mit dem Ansatz vermischen und in Flaschen füllen.

Der Likör sollte an einem dunklen Ort aufbewahrt werden.

Gesundheitstipp

Hustenlindernd.

Waldmeisterlikör

20 Pflanzen Waldmeister (selbst gesammelt)
100 g Honig
1 l Wodka

Von den Waldmeisterpflanzen nur den oberen Teil des Stängels verwenden. Das Kraut in ein Ansatzgefäß geben, den Honig dazugeben und mit einem Tuch zudecken. Eine Stunde ziehen lassen.

Alkohol über die Waldmeister-Zucker-Mischung geben. Das Gefäß gut verschließen und an einen warmen, aber nicht sonnigen Platz stellen. Gut durchschütteln.

Nach 3 Wochen den Ansatz abseihen und filtrieren. In Flaschen füllen, gut verschließen und noch weitere 3 Monate an einem kühlen, dunklen Ort ruhen lassen.

Gesundheitstipp

Regt die Lebertätigkeit an.

Vanillelikör

4 Vanilleschoten
350 g Rohrzucker
350 ml Wasser
1 l Weinbrand

Die Vanilleschoten der Länge nach aufschneiden und das Mark auskratzen. Zucker und Wasser in einen Topf geben, Vanilleschoten und Mark dazugeben und aufkochen. Unter ständigem Rühren etwa 15 Minuten sanft kochen, danach abkühlen lassen.

Die Zucker-Vanille-Lösung durch ein Tuch in ein Ansatzgefäß filtrieren. Alkohol zugeben und das Gefäß gut verschließen. An einen warmen, aber nicht sonnigen Platz stellen.

Nach 6 Wochen den Likör durch einen Papierfilter laufen lassen, in Flaschen füllen und gut verschließen.

Gesundheitstipp

Regt Verdauung und Nierenfunktion an.

Wacholderlikör

150 g frische Wacholderbeeren
2 EL frische Preiselbeeren
1 Spitze Wacholdertrieb
1 l Korn
200 g Zucker
250 ml Wasser

Beeren waschen und gründlich mit einem Küchenpapier trockentupfen. Auf Backpapier legen und 3 Tage an einem schattigen Ort trocknen lassen.

Die Beeren mit einem Mörser zerkleinern und mit dem Wacholdertrieb in ein Ansatzgefäß geben. Mit Alkohol übergießen und gut verschließen. An einen warmen, aber nicht sonnigen Platz stellen.

Nach 4 Wochen den Absatz abseihen. Zucker und Wasser zu einer Zuckerlösung verkochen und abkühlen lassen. Mit der Wacholderessenz vermischen. Das Gefäß wieder gut verschließen und an einen warmen, aber nicht sonnigen Platz stellen.

Nach 2 Wochen den Likör filtrieren.

Gesundheitstipp

Regt die Nierentätigkeit an.

Rosmarinlikör

70 g getrockneter Rosmarin
1 l Korn
250 g Zucker

Rosmarin und Zucker in ein lichtdurchlässiges Ansatzgefäß geben und mit Alkohol übergießen. Gut verschließen und an einen warmen, sonnigen Platz stellen. Täglich gut durchschütteln.

Nach 6 bis 8 Wochen den Ansatz abseihen und über einen Papierfilter filtrieren. In Flaschen füllen, gut verschließen und noch 2 Monate reifen lassen.

Gesundheitstipp

Kreislaufanregend und nervenberuhigend, gegen Oberbauchkoliken.

Kräuterlikör

3 Stängel frischer Salbei
2 Stängel frisches Basilikum
1 Zweig frischer Rosmarin
1 Stängel Oregano
1 Stängel Majoran
1 unbehandelte Zitrone
1 EL getrocknete Kamillenblüten
200 g weißer Kandiszucker
1 l Wodka

Die Kräuter waschen und mit dem Küchenpapier trocknen. Die Zitrone heiß waschen und dünn schälen. Zitronenschale, Kräuter, Zucker und Kamillenblüten in ein Ansatzgefäß geben und mit dem Alkohol übergießen. An einen warmen, aber nicht sonnigen Platz stellen und täglich gut durchschütteln, damit sich der Zucker gut auflöst.

Nach zwei Wochen den Ansatz filtrieren und in Flaschen füllen.

Gesundheitstipp

Magenstärkend und verdauungsfördernd.

Frauenmantelschnaps

30 g Frauenmantel
10 g gemahlener Fenchelsamen
20 g Taubnesselblüten
10 g Anissamen
1 l Wodka

Die Kräuter, Samen und Blüten in ein Ansatzgefäß füllen und mit Wodka übergießen. An einem warmen, aber nicht sonnigen Platz ziehen lassen und täglich schütteln.

Nach 2 Wochen filtrieren und in Flaschen abfüllen.

Gesundheitstipp

Lindert Menstruationsbeschwerden.

Bärlauchschnaps

2 Handvoll frischer Bärlauch
1 l Obstler

Den Bärlauch waschen und mit einem Küchenpapier gründlich trockentupfen. Klein schneiden und in ein Ansatzgefäß geben. Mit dem Alkohol übergießen.

An einen warmen, aber nicht sonnigen Platz stellen und ab und zu gut durchschütteln.

Nach 4 Wochen filtrieren und in Flaschen füllen.

Gesundheitstipp

Nur tropfenweise einnehmen, appetitanregend.

Estragonlikör

2 frische Estragonzweige
200 g Rohrzucker
1 TL Senfkörner
1 l Weingeist (40 %)

Den Weingeist in ein Ansatzgefäß füllen, die Senfkörner dazugeben und die Estragonzweige kopfüber hineinstecken. Für 2 Tage an einen warmen, sonnigen Platz stellen. Der Ansatz verfärbt sich in dieser Zeit hellgrün.

Den Ansatz abgießen und den Zucker beigeben. Bis sich der Zucker vollkommen aufgelöst hat, ruhig lagern. Für 2 Wochen an einen kühlen, dunklen Ort bringen, damit sich der Geschmack intensiviert.

In Flaschen abfüllen und kühl lagern.

Gesundheitstipp

Harntreibend, verdauungsfördernd, appetitanregend.

Holunderlikör

1 kg Holunderbeeren
1 l Wodka
1/2 TL Zitronensäure
250 g Zucker

Die Holunderbeeren verlesen, gut waschen und trocknen. In ein Ansatzgefäß geben, zerdrücken und mit dem Alkohol übergießen. Zitronensäure dazugeben. Den Ansatz 6 bis 8 Wochen an einen sonnigen Platz stellen.

Den Ansatz filtrieren. Den Zucker in 250 ml Wasser verkochen, abkühlen lassen und mit dem Ansatz verrühren. In Flaschen abfüllen und 2 Monate an einem kühlen, dunklen Ort lagern.

Gesundheitstipp

Stärkt das Immunsystem.

Kamillenschnaps

30 g frische Kamillenblütenköpfe
2 EL Kandiszucker
1 l Wodka

Die Blütenköpfe auf Backpapier ausbreiten und 2 Tage im Schatten trocknen. Mit dem Kandiszucker in ein Ansatzgefäß füllen und mit Wodka übergießen.

Für 4 Wochen an einen warmen, sonnigen Platz stellen und zweimal in der Woche kräftig durchschütteln. Anschließend filtrieren und in Flaschen abfüllen.

Gesundheitstipp

Krampflösend und beruhigend.

Magenbitter

2 g Wermut
2 g Tausendguldenkraut
2 g Pfefferminzblätter
2 g Melissenblätter
3 g Süßholzwurzel
3 g Johannisbrot
5 Gewürznelken
1 Zimtstange
5 Körner Koriander
1 l Korn (40 %)
150 g Honig
250 ml Wasser

Gewürze im Mörser zerstoßen und in ein Ansatzgefäß geben. Mit Alkohol übergießen und das Gefäß gut verschließen. An einen warmen, aber nicht sonnigen Platz stellen.

Nach 4 Wochen den Ansatz abseihen. Aus Honig und Wasser eine Lösung kochen und überkühlen lassen. Mit dem Ansatz mischen, Gefäß gut verschließen und wieder an den warmen, aber nicht sonnigen Platz stellen.

Nach weiteren 6 Wochen filtrieren, in Flaschen füllen und gut verschließen. Noch 2 Monate ruhen lassen.

Gesundheitstipp

Verdauungsfördernd.

Lavendelschnaps

30 g Lavendelblüten
20 g Orangenblüten
100 g Zucker
1 l Wodka

Die Lavendelblüten mit den Orangenblüten und dem Zucker in ein Ansatzgefäß geben und mit dem Alkohol übergießen. Den Ansatz 10 Tage ziehen lassen und täglich durchschütteln.

Den Ansatz filtrieren und in Flaschen füllen.

Gesundheitstipp

Stimmungshebend, ausgleichend, gegen Kopfschmerzen und Migräne.

Schlüsselblumenschnaps

30 Schlüsselblumenblütenköpfe
(samt grünem Kelch)
100 g Pfefferminzbonbons
1 l Korn 40 %
150 g Zucker
250 ml Wasser

Die Blütenköpfe in ein Ansatzgefäß geben und mit Zucker bedecken. An einen warmen, aber nicht sonnigen Ort stellen.

Nach 24 Stunden mit Alkohol übergießen, gut verschließen und wieder an einen warmen, aber nicht sonnigen Ort stellen.

Nach 4 Wochen den Ansatz durch ein Sieb laufen lassen und filtrieren.

Aus Wasser und Zucker eine Zuckerlösung kochen und mit dem Ansatz mischen. Den Likör in Flaschen füllen, gut verschließen und noch 2 bis 3 Monate ruhen lassen.

Gesundheitstipp

Herzstärkend.

Salbeilikör

25 Salbeiblätter
5 Basilikumblätter
1 EL rote Pfefferkörner
1 l Korn (40 %)
250 g Zucker
350 ml Wasser

Blätter in ein lichtdurchlässiges Ansatzgefäß geben und mit Alkohol übergießen. Gut verschließen und an einen warmen, sonnigen Platz stellen.

Nach 1 Woche den Ansatz abseihen und filtrieren. Aus Zucker und Wasser eine Zuckerlösung kochen, überkühlen lassen und mit dem Ansatz vermischen.

Den Likör in Flaschen füllen, gut verschließen und 2 Monate ruhen lassen.

Gesundheitstipp

Beeinflusst Magen und Darm günstig.

Basilikumlikör

2 Handvoll Basilikum (Blätter, Stiele, Blüten)
2 EL Pfefferkörner
Schale einer unbehandelten Orange
200 g weißen Kandiszucker
1 l Korn

Basilikum kurz mit kaltem Wasser waschen und gründlich mit Küchenpapier trockentupfen.

Das Kraut mit den Pfefferkörnern, der Orangenschale und dem Kandiszucker in ein lichtundurchlässiges Ansatzgefäß geben. Mit Alkohol übergießen und gut verschließen. Kräftig durchschütteln. Für 3 Wochen an einen gleich bleibend warmen Ort stellen – nicht in die Sonne. Jeden Tag gut durchschütteln.

Den Likör durch ein Sieb abseihen, in Flaschen füllen, gut verschließen und an einem nicht zu warmen Platz 2 Wochen ruhen lassen. Likör filtrieren und wieder abfüllen.

Gesundheitstipp

Appetitanregend und verdauungsfördernd.

Holunderblütenlikör

200 g frische Holunderblüten
4 unbehandelte Zitronen
200 g weißer Kandiszucker
1 l Wodka

Zwei Zitronen in dünne Scheiben schneiden und abwechselnd mit den Holunderblüten und dem Kandiszucker in ein Ansatzgefäß schichten. Von den restlichen Zitronen Saft auspressen und mit dem Alkohol über den Ansatz gießen.

An einen warmen Ort stellen und 7 Wochen ziehen lassen. Anschließend filtrieren und in Flaschen füllen.

Gesundheitstipp

Immunkraftstärkend.

Knoblauchschnaps

1 Knolle Knoblauch
1 frischer Estragonzweig
1 EL frische Majoranblätter
1 l Korn

Die Knoblauchzehen schälen und mit der flachen Schneide des Messers zerdrücken. Mit dem Estragonzweig und dem Majoran in ein Ansatzgefäß geben und mit dem Korn übergießen.

Den Ansatz für 2 Wochen an einem dunklen Ort ziehen lassen. Anschließend filtrieren und in Flaschen abfüllen.

Gesundheitstipp

Blutdruck- und blutfettsenkend.

Melissengeist

2 Handvoll Melissenblätter
2 unbehandelte Orangen
3 unbehandelte Zitronen
1 TL Anissamen
500 g Zucker
500 ml Wasser
250 ml Weingeist (90 %)

Die Melissenblätter kalt waschen und gut trocknen. Die Orangen und Zitronen waschen und dünn schälen. Melissenblätter, Orangen- und Zitronenschalen mit dem Anis in ein Ansatzgefäß geben und mit dem Alkohol übergießen. Für ca. 5 Wochen an einen warmen Ort stellen und ruhig ziehen lassen.

Den Zucker mit dem Wasser aufkochen, abkühlen lassen und dem Ansatz beifügen. Gut durchschütteln, filtrieren und in Flaschen abfüllen.

Noch ca. 5 Wochen an einem kühlen Ort ruhen lassen.

Gesundheitstipp

Magenstärkend und verdauungsfördernd.

Schafgarbenschnaps

10 große Blütendolden von der Schafgarbe
100 g Kandiszucker
100 ml Wasser
1 l Obstler

Die Blütendolden in ein Ansatzgefäß geben und mit dem Alkohol übergießen. An einen warmen Ort stellen und ziehen lassen.

Nach 6 Wochen den Ansatz filtrieren. Den Zucker im warmen Wasser auflösen und mit der Flüssigkeit vermischen.

In Flaschen füllen und weitere 2 bis 3 Monate an einem kühlen, dunklen Ort reifen lassen.

Gesundheitstipp

Gallestärkend, magenberuhigend.

Brennnesselschnaps

20 g Brennnesselblätter
20 g Tausendguldenkraut
10 g Gänseblümchen
10 g Ringelblumen
20 g Holunderblüten
80 g Zucker
1 l Wodka

Die Blüten und Kräuter in ein Ansatzgefäß geben und mit dem Alkohol aufgießen. Die Flasche an einen warmen, aber nicht sonnigen Platz stellen und 2 Wochen lang jeden Tag kräftig durchschütteln. Dann den Ansatz eine Woche ruhen lassen.

Den Ansatz filtrieren und in Flaschen abfüllen.

Gesundheitstipp

Harntreibend und nierenanregend.

Enzianlikör

10 g Enzianwurzel
1 Zimtstange
10 g Anissamen
10 g Korianderkörner
10 g Muskatblüte
10 g Pfefferkörner
4 Gewürznelken
1 unbehandelte Orange
1 l Wodka
100 ml Wasser
250 g Rohrzucker

Die Orange heiß waschen und gut abtrocknen. Die Schale dünn abschneiden und mit den Gewürzen in ein Ansatzgefäß geben. Mit dem Alkohol übergießen und an einen warmen, aber nicht sonnigen Platz stellen.

Nach 4 Wochen den Ansatz filtrieren. Den Zucker mit dem Wasser aufkochen und abkühlen lassen. Mit dem Ansatz vermischen, in Flaschen füllen und noch 4 Wochen nachreifen lassen.

Gesundheitstipp

Appetitanregend und verdauungsfördernd.

Hagebuttenlikör

1 kg Hagebutten
1 l Wodka
Schale einer halben unbehandelten Zitrone
250 g Zucker

Die Hagebutten aufschneiden und die Kerne sorgfältig entfernen. Mit der Zitronenschale und dem Zucker in ein Ansatzgefäß geben und mit Wodka übergießen.

Den Ansatz an einen warmen, sonnigen Platz stellen und 6 Wochen ziehen lassen. Ein- bis zweimal in der Woche kräftig durchschütteln.

Anschließend filtrieren und in Flaschen abfüllen. Vor dem ersten Genuss ca. 4 bis 5 Monate ruhen lassen.

Gesundheitstipp

Unterstützt die Nierenfunktion.

Ingwerlikör

60 g frischer Ingwer
1 unbehandelte Orange
150 g weißer Kandiszucker
700 ml Weinbrand

Die Ingwerwurzel schälen und in dünne Scheiben schneiden. Die Orange gründlich waschen und ebenfalls in Scheiben schneiden. Zusammen mit dem Ingwer und dem Kandiszucker in ein Ansatzgefäß geben und mit Weinbrand übergießen.

An einem warmen, aber nicht sonnigen Platz 2 Wochen ziehen lassen. Zwei- bis dreimal in der Woche gut durchschütteln, damit sich der Zucker auflöst.

Die Ingwerscheiben herausnehmen und mit wenig Wasser kurz durchkochen. Danach wieder zum Ansatz geben und weitere 4 Wochen reifen lassen.

Den Ansatz filtrieren und in Flaschen füllen.

Gesundheitstipp

Appetitanregend, magenstärkend.

terliköre & Kräuterschnäpse als Hausmittel · Kräuterliköre & Kräuterschnäpse als H
smittel · Kräuterliköre & Kräuterschnäpse als Hausmittel · Kräuterliköre & Kräut
terschnäpse als Hausmittel · Kräuterliköre & Kräuterschnäpse als Hausmittel · Krä
terliköre & Kräuterschnäpse als Hausmittel · Kräuterliköre & Kräuterschnäpse als H
smittel · Kräuterliköre & Kräuterschnäpse als Hausmittel · Kräuterliköre & Kräut
terschnäpse als Hausmittel · Kräuterliköre & Kräuterschnäpse als Hausmittel · Krä
terliköre & Kräuterschnäpse als Hausmittel · Kräuterliköre & Kräuterschnäpse als H
smittel · Kräuterliköre & Kräuterschnäpse als Hausmittel · Kräuterliköre & Kräut
terschnäpse als Hausmittel · Kräuterliköre & Kräuterschnäpse als Hausmittel · Krä
terliköre & Kräuterschnäpse als Hausmittel · Kräuterliköre & Kräuterschnäpse als H
smittel · Kräuterliköre & Kräuterschnäpse als Hausmittel · Kräuterliköre & Kräut
terschnäpse als Hausmittel · Kräuterliköre & Kräuterschnäpse als Hausmittel · Krä
terliköre & Kräuterschnäpse als Hausmittel · Kräuterliköre & Kräuterschnäpse als H
smittel · Kräuterliköre & Kräuterschnäpse als Hausmittel · Kräuterliköre & Kräut
terschnäpse als Hausmittel · Kräuterliköre & Kräuterschnäpse als Hausmittel · Krä
terliköre & Kräuterschnäpse als Hausmittel · Kräuterliköre & Kräuterschnäpse als H
smittel · Kräuterliköre & Kräuterschnäpse als Hausmittel · Kräuterliköre & Kräut
terschnäpse als Hausmittel · Kräuterliköre & Kräuterschnäpse als Hausmittel · Krä
terliköre & Kräuterschnäpse als Hausmittel · Kräuterliköre & Kräuterschnäpse als H
smittel · Kräuterliköre & Kräuterschnäpse als Hausmittel · Kräuterliköre & Kräut
terschnäpse als Hausmittel · Kräuterliköre & Kräuterschnäpse als Hausmittel · Krä
terliköre & Kräuterschnäpse als Hausmittel · Kräuterliköre & Kräuterschnäpse als H
smittel · Kräuterliköre & Kräuterschnäpse als Hausmittel · Kräuterliköre & Kräut
terschnäpse als Hausmittel · Kräuterliköre & Kräuterschnäpse als Hausmittel · Krä
terliköre & Kräuterschnäpse als Hausmittel · Kräuterliköre & Kräuterschnäpse als H
smittel · Kräuterliköre & Kräuterschnäpse als Hausmittel · Kräuterliköre & Kräut
terschnäpse als Hausmittel · Kräuterliköre & Kräuterschnäpse als Hausmittel · Krä
terliköre & Kräuterschnäpse als Hausmittel · Kräuterliköre & Kräuterschnäpse als H
smittel · Kräuterliköre & Kräuterschnäpse als Hausmittel · Kräuterliköre & Kräut
terschnäpse als Hausmittel · Kräuterliköre & Kräuterschnäpse als Hausmittel · Krä
terliköre & Kräuterschnäpse als Hausmittel · Kräuterliköre & Kräuterschnäpse als H
smittel · Kräuterliköre & Kräuterschnäpse als Hausmittel · Kräuterliköre & Kräut
terschnäpse als Hausmittel · Kräuterliköre & Kräuterschnäpse als Hausmittel · Krä
terliköre & Kräuterschnäpse als Hausmittel · Kräuterliköre & Kräuterschnäpse als H
smittel · Kräuterliköre & Kräuterschnäpse als Hausmittel · Kräuterliköre & Kräut
terschnäpse als Hausmittel · Kräuterliköre & Kräuterschnäpse als Hausmittel · Krä
terliköre & Kräuterschnäpse als Hausmittel · Kräuterliköre & Kräuterschnäpse als H
smittel · Kräuterliköre & Kräuterschnäpse als Hausmittel · Kräuterliköre & Kräut
terschnäpse als Hausmittel · Kräuterliköre & Kräuterschnäpse als Hausmittel · Krä
terliköre & Kräuterschnäpse als Hausmittel · Kräuterliköre & Kräuterschnäpse als H
smittel · Kräuterliköre & Kräuterschnäpse als Hausmittel · Kräuterliköre & Kräut
terschnäpse als Hausmittel · Kräuterliköre & Kräuterschnäpse als Hausmittel · Krä